Parker Street Books es un editor independiente de libros de colorear para adultos, diarios y cuadernos. Disfruta de nuestros diseños exclusivos, y personalízalos para que sean únicamente tuyos. Parker Street Books es divertido, económico, y puedes encontrarlo en Amazon. ¡Gracias por ser fan!

Introducción a la escritura de un diario de agradecimiento

Enhorabuena, has dado tus primeros pasos en el camino de la felicidad personal. Contar tus bendiciones potencia tanto la salud como la felicidad. Los estudios demuestran que la escritura de un diario de agradecimiento mejora la salud tanto física como psicológica, el sueño, la empatía, la autoestima, las relaciones y la fortaleza.

Tú tienes el control. Elige un momento para anotar aquello que agradeces, y hazlo una costumbre. Haz que escribir en tu diario sea una rutina. Puedes hacerlo cada día o simplemente una vez a la semana. Algunos dicen que la cantidad óptima son 3-4 veces a la semana. Tú decides lo que te va bien. Lo más importante es que te tomes un momento para reflexionar y dar gracias.

Empieza ya. Es fácil. En este diario, simplemente harás listas de las personas, cosas y eventos que son una bendición para ti. Las páginas de este libro están formateadas para ser simples. Sin cosas sin sentido, sin parafernalia. Haces tus listas en el lado derecho de la página, y usas el izquierdo para extenderte si así lo deseas.

Haz tus listas. Para lograr mejores resultados, haz que tus listas que muestran tu gratitud sean específicas. Por ejemplo, los "alimentos" son algo por lo que estar agradecido, pero es un término demasiado general. Sería mejor escribir algo más específico, como "la deliciosa cena que preparó mi pareja". De igual modo, "mi automóvil" es muy general, mientras que "la conducción confortable hacia el trabajo que hice esta mañana" sería una entrada mucho más apta. Asimismo, centrarse en la gente y las cosas positivas en vez de en las posesiones es la mejor manera de reconocer y apreciar tus bendiciones.

Agradece lo positivo. Cuando te centras en lo que tienes, en vez de quejarte sobre lo que crees que careces, cultivas una actitud de agradecimiento, lo que es una forma segura de mejorar tu calidad de vida. Comienza a hacerlo hoy mismo.

Agradece todos los días, todas las cosas.

Hoy, estoy agradecido.

Fecha:______________________________

1.______________________________

____

2.______________________________

____

3.______________________________

____

Hoy, estoy agradecido.

Fecha:______________________________

1.______________________________

____

2.______________________________

____

3.______________________________

____

Hoy, estoy adradecido.

Fecha:______________________________

1.______________________________

____

2.______________________________

____

3.______________________________

____

Hoy, estoy agradecido.

Fecha:______________________________

1.____

2.____

3.____

Hoy, estoy agradecido.

Fecha:______________________________

1.____

2.____

3.____

Hoy, estoy adradecido.

Fecha:______________________________

1.____

2.____

3.____

Hoy, estoy agradecido.

Fecha:____

1.____

____

2.____

____

3.____

____

Hoy, estoy agradecido.

Fecha:____

1.____

____

2.____

____

3.____

____

Hoy, estoy adradecido.

Fecha:____

1.____

____

2.____

____

3.____

____

Hoy, estoy agradecido.

Fecha:____________________________

1.____________________________

2.____________________________

3.____________________________

Hoy, estoy agradecido.

Fecha:____________________________

1.____________________________

2.____________________________

3.____________________________

Hoy, estoy adradecido.

Fecha:____________________________

1.____________________________

2.____________________________

3.____________________________

Hoy, estoy agradecido.

Fecha:______________________________

1.______________________________

____

2.______________________________

____

3.______________________________

____

Hoy, estoy agradecido.

Fecha:______________________________

1.______________________________

____

2.______________________________

____

3.______________________________

____

Hoy, estoy adradecido.

Fecha:______________________________

1.______________________________

____

2.______________________________

____

3.______________________________

____

Hoy, estoy agradecido.

Fecha:_______________________________

1.____

____

2.____

____

3.____

____

Hoy, estoy agradecido.

Fecha:_______________________________

1.____

____

2.____

____

3.____

____

Hoy, estoy adradecido.

Fecha:_______________________________

1.____

____

2.____

____

3.____

____

Hoy, estoy agradecido.

Fecha:________________________________

1.____

2.____

3.____

Hoy, estoy agradecido.

Fecha:________________________________

1.____

2.____

3.____

Hoy, estoy adradecido.

Fecha:________________________________

1.____

2.____

3.____

Hoy, estoy agradecido.

Fecha:______________________________

1.____

2.____

3.____

Hoy, estoy agradecido.

Fecha:______________________________

1.____

2.____

3.____

Hoy, estoy adradecido.

Fecha:______________________________

1.____

2.____

3.____

Hoy, estoy agradecido.

Fecha:____

1.____

____

2.____

____

3.____

____

Hoy, estoy agradecido.

Fecha:____

1.____

____

2.____

____

3.____

____

Hoy, estoy adradecido.

Fecha:____

1.____

____

2.____

____

3.____

____

Hoy, estoy agradecido.

Fecha:____________________________

1.________________________________

2.________________________________

3.________________________________

Hoy, estoy agradecido.

Fecha:____________________________

1.________________________________

2.________________________________

3.________________________________

Hoy, estoy adradecido.

Fecha:____________________________

1.________________________________

2.________________________________

3.________________________________

Hoy, estoy agradecido.

Fecha:______________________________________

1.____

2.____

3.____

Hoy, estoy agradecido.

Fecha:______________________________________

1.____

2.____

3.____

Hoy, estoy adradecido.

Fecha:______________________________________

1.____

2.____

3.____

Hoy, estoy agradecido.

Fecha:_______________

1.______________________________

____

2.______________________________

____

3.______________________________

____

Hoy, estoy agradecido.

Fecha:_______________

1.______________________________

____

2.______________________________

____

3.______________________________

____

Hoy, estoy adradecido.

Fecha:_______________

1.______________________________

____

2.______________________________

____

3.______________________________

____

Hoy, estoy agradecido.

Fecha: ______________________________

1. ______________________________

____

2. ______________________________

____

3. ______________________________

____

Hoy, estoy agradecido.

Fecha: ______________________________

1. ______________________________

____

2. ______________________________

____

3. ______________________________

____

Hoy, estoy adradecido.

Fecha: ______________________________

1. ______________________________

____

2. ______________________________

____

3. ______________________________

____

Hoy, estoy agradecido.

Fecha:______________________________

1.

2.

3.

Hoy, estoy agradecido.

Fecha:

1.

2.

3.

Hoy, estoy adradecido.

Fecha:

1.

2.

3.

Hoy, estoy agradecido.

Fecha:______________________________

1.____

____

2.____

____

3.____

____

Hoy, estoy agradecido.

Fecha:______________________________

1.____

____

2.____

____

3.____

____

Hoy, estoy adradecido.

Fecha:______________________________

1.____

____

2.____

____

3.____

____

Hoy, estoy agradecido.

Fecha:______________________________

1.____

2.____

3.____

Hoy, estoy agradecido.

Fecha:______________________________

1.____

2.____

3.____

Hoy, estoy adradecido.

Fecha:______________________________

1.____

2.____

3.____

Hoy, estoy agradecido.

Fecha:______________________________

1.____

____

2.____

____

3.____

____

Hoy, estoy agradecido.

Fecha:______________________________

1.____

____

2.____

____

3.____

____

Hoy, estoy adradecido.

Fecha:______________________________

1.____

____

2.____

____

3.____

____

Hoy, estoy agradecido.

Fecha:______________________________

1.______________________________

____

2.______________________________

____

3.______________________________

____

Hoy, estoy agradecido.

Fecha:______________________________

1.______________________________

____

2.______________________________

____

3.______________________________

____

Hoy, estoy adradecido.

Fecha:______________________________

1.______________________________

____

2.______________________________

____

3.______________________________

____

Hoy, estoy agradecido.

Fecha:______________________________

1.______________________________

____

2.______________________________

____

3.______________________________

____

Hoy, estoy agradecido.

Fecha:______________________________

1.______________________________

____

2.______________________________

____

3.______________________________

____

Hoy, estoy adradecido.

Fecha:______________________________

1.______________________________

____

2.______________________________

____

3.______________________________

____

Hoy, estoy agradecido.

Fecha:______________________________

1.____

____

2.____

____

3.____

____

Hoy, estoy agradecido.

Fecha:______________________________

1.____

____

2.____

____

3.____

____

Hoy, estoy adradecido.

Fecha:______________________________

1.____

____

2.____

____

3.____

____

Hoy, estoy agradecido.

Fecha:____

1.____

2.____

3.____

Hoy, estoy agradecido.

Fecha:____

1.____

2.____

3.____

Hoy, estoy adradecido.

Fecha:____

1.____

2.____

3.____

Hoy, estoy agradecido.

Fecha: ______________________________

1. ____

____

2. ____

____

3. ____

____

Hoy, estoy agradecido.

Fecha: ______________________________

1. ____

____

2. ____

____

3. ____

____

Hoy, estoy adradecido.

Fecha: ______________________________

1. ____

____

2. ____

____

3. ____

____

Hoy, estoy agradecido.

Fecha:______________________________

1.______________________________

____

2.______________________________

____

3.______________________________

____

Hoy, estoy agradecido.

Fecha:______________________________

1.______________________________

____

2.______________________________

____

3.______________________________

____

Hoy, estoy adradecido.

Fecha:______________________________

1.______________________________

____

2.______________________________

____

3.______________________________

____

Hoy, estoy agradecido.

Fecha:____________________

1.____________________
____
2.____________________
____
3.____________________
____

Hoy, estoy agradecido.

Fecha:____________________

1.____________________
____
2.____________________
____
3.____________________
____

Hoy, estoy adradecido.

Fecha:____________________

1.____________________
____
2.____________________
____
3.____________________
____

Hoy, estoy agradecido.

Fecha:__________________________________

1.____

2.____

3.____

Hoy, estoy agradecido.

Fecha:__________________________________

1.____

2.____

3.____

Hoy, estoy adradecido.

Fecha:__________________________________

1.____

2.____

3.____

Hoy, estoy agradecido.

Fecha:________________________________

1.____

2.____

3.____

Hoy, estoy agradecido.

Fecha:________________________________

1.____

2.____

3.____

Hoy, estoy adradecido.

Fecha:________________________________

1.____

2.____

3.____

Hoy, estoy agradecido.

Fecha:______________________________

1.______________________________

____

2.______________________________

____

3.______________________________

____

Hoy, estoy agradecido.

Fecha:______________________________

1.______________________________

____

2.______________________________

____

3.______________________________

____

Hoy, estoy adradecido.

Fecha:______________________________

1.______________________________

____

2.______________________________

____

3.______________________________

____

Hoy, estoy agradecido.

Fecha:____________________

1.____________________

____

2.____________________

____

3.____________________

____

Hoy, estoy agradecido.

Fecha:____________________

1.____________________

____

2.____________________

____

3.____________________

____

Hoy, estoy adradecido.

Fecha:____________________

1.____________________

____

2.____________________

____

3.____________________

____

Hoy, estoy agradecido.

Fecha:______________________________

1.______________________________

____

2.______________________________

____

3.______________________________

____

Hoy, estoy agradecido.

Fecha:______________________________

1.______________________________

____

2.______________________________

____

3.______________________________

____

Hoy, estoy adradecido.

Fecha:______________________________

1.______________________________

____

2.______________________________

____

3.______________________________

____

Hoy, estoy agradecido.

Fecha:____________________

1.____________________

____

2.____________________

____

3.____________________

____

Hoy, estoy agradecido.

Fecha:____________________

1.____________________

____

2.____________________

____

3.____________________

____

Hoy, estoy adradecido.

Fecha:____________________

1.____________________

____

2.____________________

____

3.____________________

____

Hoy, estoy agradecido.

Fecha:______________________________

1.____

2.____

3.____

Hoy, estoy agradecido.

Fecha:______________________________

1.____

2.____

3.____

Hoy, estoy adradecido.

Fecha:______________________________

1.____

2.____

3.____

Hoy, estoy agradecido.

Fecha:______________________________

1.____

2.____

3.____

Hoy, estoy agradecido.

Fecha:______________________________

1.____

2.____

3.____

Hoy, estoy adradecido.

Fecha:______________________________

1.____

2.____

3.____

Hoy, estoy agradecido.

Fecha:______________________________

1.______________________________

____

2.______________________________

____

3.______________________________

____

Hoy, estoy agradecido.

Fecha:______________________________

1.______________________________

____

2.______________________________

____

3.______________________________

____

Hoy, estoy adradecido.

Fecha:______________________________

1.______________________________

____

2.______________________________

____

3.______________________________

____

Hoy, estoy agradecido.

Fecha:____

1.____

____

2.____

____

3.____

____

Hoy, estoy agradecido.

Fecha:____

1.____

____

2.____

____

3.____

____

Hoy, estoy adradecido.

Fecha:____

1.____

____

2.____

____

3.____

____

Hoy, estoy agradecido.

Fecha:________________________________

1.____

2.____

3.____

Hoy, estoy agradecido.

Fecha:________________________________

1.____

2.____

3.____

Hoy, estoy adradecido.

Fecha:________________________________

1.____

2.____

3.____

Hoy, estoy agradecido.

Fecha:______________________________

1.____

____

2.____

____

3.____

____

Hoy, estoy agradecido.

Fecha:______________________________

1.____

____

2.____

____

3.____

____

Hoy, estoy adradecido.

Fecha:______________________________

1.____

____

2.____

____

3.____

____

Hoy, estoy agradecido.

Fecha:______________________________

1.______________________________

____

2.______________________________

____

3.______________________________

____

Hoy, estoy agradecido.

Fecha:______________________________

1.______________________________

____

2.______________________________

____

3.______________________________

____

Hoy, estoy adradecido.

Fecha:______________________________

1.______________________________

____

2.______________________________

____

3.______________________________

____

Hoy, estoy agradecido.

Fecha:____________________

1.____________________

2.____________________

3.____________________

Hoy, estoy agradecido.

Fecha:____________________

1.____________________

2.____________________

3.____________________

Hoy, estoy adradecido.

Fecha:____________________

1.____________________

2.____________________

3.____________________

Hoy, estoy agradecido.

Fecha:______________________________

1.____

2.____

3.____

Hoy, estoy agradecido.

Fecha:______________________________

1.____

2.____

3.____

Hoy, estoy adradecido.

Fecha:______________________________

1.____

2.____

3.____

Hoy, estoy agradecido.

Fecha:____________________________________

1.____

____

2.____

____

3.____

____

Hoy, estoy agradecido.

Fecha:____________________________________

1.____

____

2.____

____

3.____

____

Hoy, estoy adradecido.

Fecha:____________________________________

1.____

____

2.____

____

3.____

____

Hoy, estoy agradecido.

Fecha:______________________________

1.____

2.____

3.____

Hoy, estoy agradecido.

Fecha:______________________________

1.____

2.____

3.____

Hoy, estoy adradecido.

Fecha:______________________________

1.____

2.____

3.____

Hoy, estoy agradecido.

Fecha:____

1.____

2.____

3.____

Hoy, estoy agradecido.

Fecha:____

1.____

2.____

3.____

Hoy, estoy adradecido.

Fecha:____

1.____

2.____

3.____

Hoy, estoy agradecido.

Fecha:______________________________

1.______________________________

____

2.______________________________

____

3.______________________________

____

Hoy, estoy agradecido.

Fecha:______________________________

1.______________________________

____

2.______________________________

____

3.______________________________

____

Hoy, estoy adradecido.

Fecha:______________________________

1.______________________________

____

2.______________________________

____

3.______________________________

____

Hoy, estoy agradecido.

Fecha:______________________________

1.______________________________

____

2.______________________________

____

3.______________________________

____

Hoy, estoy agradecido.

Fecha:______________________________

1.______________________________

____

2.______________________________

____

3.______________________________

____

Hoy, estoy adradecido.

Fecha:______________________________

1.______________________________

____

2.______________________________

____

3.______________________________

____

Hoy, estoy agradecido.

Fecha:______________________________

1.____

____

2.____

____

3.____

____

Hoy, estoy agradecido.

Fecha:______________________________

1.____

____

2.____

____

3.____

____

Hoy, estoy adradecido.

Fecha:______________________________

1.____

____

2.____

____

3.____

____

Hoy, estoy agradecido.

Fecha: ______________________________

1. ______________________________

____

2. ______________________________

____

3. ______________________________

____

Hoy, estoy agradecido.

Fecha: ______________________________

1. ______________________________

____

2. ______________________________

____

3. ______________________________

____

Hoy, estoy adradecido.

Fecha: ______________________________

1. ______________________________

____

2. ______________________________

____

3. ______________________________

____

Hoy, estoy agradecido.

Fecha:______________________________

1.____

2.____

3.____

Hoy, estoy agradecido.

Fecha:______________________________

1.____

2.____

3.____

Hoy, estoy adradecido.

Fecha:______________________________

1.____

2.____

3.____

Hoy, estoy agradecido.

Fecha:_______________

1.______________________________

____

2.______________________________

____

3.______________________________

____

Hoy, estoy agradecido.

Fecha:_______________

1.______________________________

____

2.______________________________

____

3.______________________________

____

Hoy, estoy adradecido.

Fecha:_______________

1.______________________________

____

2.______________________________

____

3.______________________________

____

Hoy, estoy agradecido.

Fecha:______________________________

1.______________________________
____
2.______________________________
____
3.______________________________
____

Hoy, estoy agradecido.

Fecha:______________________________

1.______________________________
____
2.______________________________
____
3.______________________________
____

Hoy, estoy adradecido.

Fecha:______________________________

1.______________________________
____
2.______________________________
____
3.______________________________
____

Hoy, estoy agradecido.

Fecha:______________________________

1.______________________________

____

2.______________________________

____

3.______________________________

____

Hoy, estoy agradecido.

Fecha:______________________________

1.______________________________

____

2.______________________________

____

3.______________________________

____

Hoy, estoy adradecido.

Fecha:______________________________

1.______________________________

____

2.______________________________

____

3.______________________________

____

Hoy, estoy agradecido.

Fecha:____

1.____

2.____

3.____

Hoy, estoy agradecido.

Fecha:____

1.____

2.____

3.____

Hoy, estoy adradecido.

Fecha:____

1.____

2.____

3.____

Hoy, estoy agradecido.

Fecha:____

1.____

2.____

3.____

Hoy, estoy agradecido.

Fecha:____

1.____

2.____

3.____

Hoy, estoy adradecido.

Fecha:____

1.____

2.____

3.____

Made in United States
North Haven, CT
02 February 2022